MICHELE IACOCCA

O meu, o seu, o nosso

Refletindo sobre atitudes e espaços de convivência

editora ática

O meu, o seu, o nosso – Refletindo sobre atitudes e espaços de convivência

Gerente editorial	Claudia Morales
Editora	Anna Angotti
Editora assistente	Maria Elza M. Teixeira
Coordenadora de revisão	Ivany Picasso Batista
Revisoras	Bárbara Borges e Luciana Soares da Silva

ARTE

Editor	Vinicius Rossignol Felipe
Projeto de capa	Vinicius Rossignol Felipe
Diagramador	Claudemir Camargo

A Editora Ática agradece a contribuição da professora Denise Carlos de Col

CIP-BRASIL. CATALOGAÇÃO NA FONTE
SINDICATO NACIONAL DOS EDITORES DE LIVROS, RJ.

I12m

Iacocca. Michele, 1942-
O meu, o seu, o nosso / texto e ilustrações Michele Iacocca. - 1.ed. - São Paulo : Ática, 2010.
48p. : il. - (Pé no chão)

ISBN 978-85-08-13215-7

1. Comunidade urbana - Desenvolvimento - Literatura infantojuvenil. 2. Diferenças individuais - Literatura infantojuvenil. 3. Convivência - Literatura infantojuvenil. 4. Vida urbana - Literatura infantojuvenil. I. Título. II. Série.

08-0674. CDD: 307.76
CDU: 316.334.56

ISBN 978-85-08-13215-7 (aluno)
ISBN 978-85-08-13216-4 (professor)
Código da obra CL 736360
CAE: 251195

2014
1ª edição
5ª impressão
Impressão e acabamento: Brasilform Editora e Ind. Gráfica

Av. Otaviano Alves de Lima, 4400 – CEP 02909-900 – São Paulo, SP
Atendimento ao cliente: 4003-3061 – atendimento@atica.com.br
www.atica.com.br

Onde você mora?

Você mora...

em um quarto

que faz parte de uma casa

que faz parte de uma rua

que faz parte de um bairro

que faz parte de uma cidade

que faz parte de um estado

que faz parte de um país

que faz parte de um continente

que faz parte de um planeta
chamado Terra.

E você diz...

Meu quarto

Minha casa

Minha rua

Meu bairro

Minha cidade

Meu estado

Meu país

Meu continente

Meu planeta

Vamos pensar um pouco sobre isso?

Você pode afirmar que todos esses lugares são "seus", mas isso é só uma maneira de dizer. Porque onde você vive também vivem outras pessoas, ou seja: todos esses lugares são espaços de convivência.

Isso vale para o quarto (mesmo que ele seja só seu) e para a casa, grande ou pequena. Pense então na rua e no bairro, com todos os seus moradores... Na cidade, que pode ter milhões de habitantes. E na quantidade de gente que compartilha o estado, o país, o continente... E o planeta, que é de todos: seres humanos, animais, plantas.

– Todos esses lugares são seus, mas também de todos os outros. Enfim, são NOSSOS!

Vamos começar pelo quarto?

O quarto, seja ele de um único dono ou compartilhado com várias pessoas, é onde a gente dorme, descansa, estuda e também se diverte. Nele a gente guarda as roupas, todas as tralhas e o que mais couber. Tem quem goste do quarto todo organizado e limpinho e quem não se importe em deixar aquela bagunça que enlouquece os adultos.

Geralmente, é o lugar da casa que tem mais a nossa cara.

– Ei, como é o seu quarto? Você cuida bem dele?

– Você divide ele com mais alguém? Se sim, diria que você é um bom companheiro de quarto?

E a casa?

NA MINHA CASA? NOSSA, QUANTA GENTE!
E QUE CONFUSÃO!
PRA MIM, O CHATO É QUANDO VOU AO BANHEIRO. TEM SEMPRE ALGUÉM!
TEM GENTE!
SE PERGUNTAR QUEM MANDA NA MINHA CASA, NEM SEI DIZER. SÓ SEI QUE NÃO SOU EU... INFELIZMENTE.
CASA? QUE CASA?
TODOS SABEM QUE QUEM MANDA NA CASA É O CACHORRO, QUE SÓ DEIXA ENTRAR QUEM ELE QUER.
POR QUE SERÁ QUE TODA VEZ QUE EU TENTO FAZER A LIÇÃO, MEU AVÔ RONCA NO SOFÁ E O CACHORRO JUNTO?
Z Z Z
QUEM APITA NA SUA CASA?
DEIXA EU PENSAR... É A CHALEIRA!
MEU IRMÃO TEM MANIA DE TRAZER PARA CASA TODO CACHORRO VIRA-LATA QUE ELE ENCONTRA NA RUA, COMO SE A CASA FOSSE SÓ DELE.
BEM, EU SÓ LEVO SAPOS, LAGARTIXAS E GAFANHOTOS.
EU ME SINTO TÃO BEM AQUI NA MINHA CASA!
EU TAMBÉM AQUI NA SUA.
VOCÊ JÁ ACAMPOU NO QUINTAL DA SUA CASA? É ÓTIMO!

Em uma casa pode morar uma só pessoa, um casal, uma família com filhos e parentes – e até muito mais gente, como nas “repúblicas”, casas onde moram diversos estudantes, como nos abrigos que servem de moradia para pessoas que não têm onde morar, nos alojamentos para trabalhadores ou atletas...

Em qualquer época, é na casa que temos a primeira experiência de convívio. Nossa família nos transmite seus modelos de como a vida da gente e os nossos relacionamentos devem ser, enfim, os valores nos quais acredita.

– Muita gente não tem casa para morar e precisa viver na rua.

– E pensar que há casas onde as pessoas não se tratam com carinho... E você, gosta da sua casa?

Como é a rua onde você mora?

Conhecer a rua onde você mora é importante para compreender melhor a sua vida e quem você é. Isso porque a sua rua guarda a sua história (ou pelo menos uma parte dela) e a da sua família.

Você sabe como era a sua rua antes de morar nela? Sabe a origem do nome dela? Há muitas ruas e avenidas que fazem homenagem a figuras importantes do passado, como a avenida Dom Pedro I, em Belo Horizonte (MG). Outras lembram acontecimentos históricos: em várias cidades, como em Salvador (BA), existe uma avenida que se chama Sete de Setembro, dia em que se comemora a Independência do Brasil. E ainda tem um monte de ruas com nome curioso, como a Só Nós Dois, em Recife (PE), e a Borboletas Psicodélicas, em São Paulo (SP).

A rua não é apenas o lugar onde fica a sua casa ou por onde você passa para ir de um lugar para outro: é um espaço de convivência – ou seja, um espaço de todos.

– E na sua rua, todo mundo se conhece? Ou é cheia de prédios e você só passa por ela de carro ou de ônibus?

– Tem festa junina na sua rua? E no Natal, ela fica toda iluminada?

Você já fez ou viu alguém fazer alguma destas coisas?

Pessoa que joga o lixo na lixeira em casa, mas, na rua, joga o lixo no chão.

Criança dizendo muito obrigada, dona fulana, para a vizinha, mas quando chega em casa reclama do almoço ou de outra coisa que a mãe fez para ela.

Alguém ralhando com o cachorro porque ele fez cocô no lugar errado da casa, mas que deixa o cocô na rua quando sai para passear com seu bichinho.

Uma criança que não empresta nada para o irmão mas quer que os amiguinhos deem para ela tudo o que têm.

Um irmão que xinga o outro, e o que é xingado reclama: “Manhê, o Joãozinho me chamou de tal coisa!”. Na rua, ofende alguém menor do que ele com a mesma palavra.

Vamos ao seu bairro?

Que tal dar uma volta pelo bairro para melhor entendê-lo? Você pode começar observando a paisagem. As ruas são estreitas ou largas? Contornam algum rio? O bairro tem árvores e praças? Tem muitos edifícios ou mais casas?

As pessoas que vivem no bairro também ajudam a deixá-lo como é. Por exemplo, no bairro da Liberdade, em São Paulo (SP), há muitos habitantes de origem oriental, imigrantes que vieram do Japão, da China e da Coreia e seus descendentes. A iluminação e alguns edifícios do bairro lembram as construções desses países.

O tipo de atividade mais comum em um bairro é outro fator que ajuda a determinar suas características. Por exemplo: em várias cidades brasileiras, existem bairros industriais, quer dizer, cheios de fábricas. Outros se voltam para o lazer, como o bairro da Lapa, no Rio de Janeiro (RJ), famoso por seus bares e casas noturnas dedicadas ao samba.

E ainda há as diferenças de infraestrutura, ou seja, as coisas básicas que deveriam existir em todos os bairros, como água encanada, luz elétrica e calçamento, mas que não chegam a todos.

Um bairro é a combinação de todas essas características. O jeito que o nosso bairro é depende de como ele foi no passado e também daquilo que acontece no presente.

– A responsabilidade pela administração dos bairros cabe à prefeitura de cada cidade, mas isso não significa que os moradores e outras pessoas que circulam pelo bairro não precisem colaborar.

– Do que você mais gosta no seu bairro? O que você gostaria que tivesse nele?

E a sua cidade, como é? Você sabe?

A cidade é formada pelo conjunto dos bairros. Boa parte das cidades surge em volta de um bairro inicial e vão crescendo espontaneamente, mas também existem cidades que são planejadas, sabia? Isso significa que primeiro foi feito um projeto de como a cidade deveria ser e só depois ela foi construída, seguindo esse plano. No Brasil, o exemplo mais famoso de cidade planejada é Brasília, que foi inaugurada em 1960. Belo Horizonte (MG), Goiânia (GO) e Palmas (TO) também são assim.

Assim como o quarto, a casa, a rua e o bairro em que você mora, a cidade é um espaço de convivência que está sempre mudando. Isso significa que aquilo que você faz também interfere na transformação da sua cidade. Por isso é importante conhecer o que de bom ela oferece, para poder usufrir, e os problemas que tem, para poder melhorá-la.

– Além de seguir as leis do país, toda cidade tem suas próprias normas e sua administração: prefeitura, subprefeituras, conselhos de bairro. A função desses órgãos é regulamentar e fiscalizar o que se passa na cidade para que seus habitantes possam viver melhor.

Pausa para a História

Os nossos primeiros ancestrais surgiram, acredita a maioria dos cientistas, há 4 milhões de anos, na África. Imagina quanta coisa o ser humano teve que descobrir e aprender até chegar nas cidades que temos hoje! Mas a História da humanidade continua sendo escrita...

2,5 milhões de anos a.C.
Surge o primeiro hominídeo – primata diferente do macaco –, o *Homo habilis* ("homem habilidoso", em latim), assim chamado pelos cientistas por ser nosso primeiro ancestral a fazer ferramentas, lascando pontas de pedra.

1,8 milhão de anos a.C.
O *Homo erectus* ("homem ereto", em latim) tinha o cérebro maior que o do *Homo habilis*. Ele sai da África e se espalha pela Ásia e Europa.

500 mil anos a.C.
O *Homo erectus* aprende a dominar o fogo.

300 mil anos a.C.
Surge o que os cientistas chamam de *Homo sapiens* ("homem sábio", em latim), ancestrais bem parecidos com o ser humano de hoje.

10 mil anos a.C.
O ser humano começa a cultivar plantas e a domesticar animais. Antes, ele vivia em grupos, mas sempre mudando de lugar, em busca de alimentos. Com a sua fixação no mesmo local, surgem as primeiras vilas. Delas, surgem, depois, as cidades. São sociedades que obedecem a um líder e todos seguem as mesmas regras.

4 mil anos a.C.
Os sumérios, povo da região da Mesopotâmia (onde hoje estão a Turquia, a Síria, o Iraque e o Irã), inventam a escrita. Mais ou menos na mesma época, os egípcios criam seu sistema de escrever, com desenhos chamados hieróglifos.
Segundo alguns historiadores, a roda teria surgido nesse período.

3.500 anos a.C.
Os egípcios, povo do norte da África, desenvolvem uma das principais civilizações da Antiguidade. Destacam-se na matemática, nas ciências, na arquitetura... Uma das pirâmides de Gizé – construídas como túmulos para os faraós (reis) – resiste ao tempo até hoje.

3.300 anos a.C.
Começa a Idade do Bronze. Ela tem esse nome porque foi nessa época que o ser humano aprendeu a usar o bronze para fazer ferramentas e utensílios.

2 mil anos a.C.
Surge a primeira civilização da América Central, os olmecas, que fazem tecidos com desenhos coloridos e detalhados. A primeira civilização europeia forma-se na mesma época, na ilha de Creta. Os cretenses sabem navegar e têm contato com outras culturas porque praticam o comércio.

1.500 anos a.C.
Os fenícios, povo que habitou onde hoje é o Líbano, inventam o alfabeto que deu origem ao nosso. Começa a substituição do bronze pelo ferro, mais resistente e fácil de achar.

Entre 1.000 e 500 anos a.C.
As sociedades crescem, começam a se interligar e a trocar ideias e produtos. Isso levou a muitas conquistas técnicas, científicas e culturais, mas também a muitos conflitos.

550 anos a.C.
Atenas e outras cidades da antiga Grécia se tornam núcleos de cultura e arte. Nessa época, na maioria das civilizações, todos os trabalhadores eram escravos.

Entre 509 a.C. e 476 d.C.
Os romanos dominam muitos territórios em três continentes: Europa, Ásia e África. Entre as heranças do Império Romano estão os primeiros aquedutos, uma espécie de avô dos sistemas de água encanada.

Ano 800 d.C.
São construídos os primeiros castelos na Europa.

Ano 1170
É fundada a Universidade de Paris, uma das primeiras do mundo.

Ano 1300
Começa na Europa o período do Renascimento, com grandes avanços nas artes e nas ciências. São dessa época as obras de Leonardo Da Vinci, Michelangelo e William Shakespeare.

Ano 1453
O Império Turco toma a cidade de Constantinopla e bloqueia o comércio da Europa com as Índias e outros países. E Itália, Espanha e Portugal saem em busca de outros caminhos e encontram novas terras.

Ano 1455
Gutenberg inventa os tipos móveis, letras feitas de metal usadas para formar um texto. Com isso tornou-se possível imprimir livros como os de hoje. Antes disso, livros e documentos eram copiados a mão, um por um.

Ano 1492
O navegador italiano Cristóvão Colombo chega à América.

Ano 1500
O navegador português Pedro Álvares Cabral chega ao Brasil.

Anos 1769-1900
Esse período da História da Europa ficou conhecido como Revolução Industrial, porque foi nessa época que as indústrias começaram a fazer produtos em grandes quantidades, graças a invenções como o motor a vapor e o tear mecânico. A Revolução Industrial começou na Inglaterra e fez com que muitas pessoas deixassem o campo para viver nas cidades, em busca de trabalho nas fábricas.

Ano 1789
Ocorre a Revolução Francesa. Pela primeira vez na História do Ocidente, diz-se que todos os homens são iguais.

Ano 1822
Dom Pedro I proclama a Independência do Brasil, até então colônia de Portugal.

Ano 1837
Samuel Morse inventa o telégrafo, um aparelho de comunicação a distância.

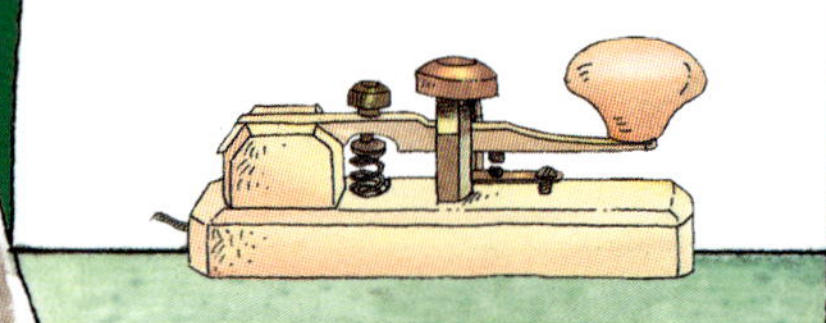

Ano 1860
O italiano Antonio Meucci inventa o telefone (até 2002, a invenção era atribuída a Alexander Graham Bell).

Ano 1879
O norte-americano Thomas Edison inventa a lâmpada elétrica. Antes disso, a iluminação era eita com lampiões a óleo u a gás.

Ano 1896
Embora a invenção do rádio seja creditada ao italiano Guglielmo Marconi, o padre brasileiro Roberto Landell de Moura fez a primeira transmissão sem fios de palavra falada dois anos antes de Marconi, em 1894.

Ano 1906
O brasileiro Alberto Santos Dumont realiza, em Paris, França, seu primeiro voo a bordo do avião 14-bis.

Anos 1914-1918
Acontece a Primeira Guerra Mundial, o primeiro conflito a envolver todas as grandes potências do mundo daquela época.

Ano 1927
É lançada, nos Estados Unidos, a primeira televisão, em preto branco. A TV colorida só vai rgir lá em 1953.

Anos 1939-1945
A Alemanha invade a Polônia e dá início à Segunda Guerra Mundial. Até o Brasil mandou soldados para lutar na Europa.

Ano 1946
Começa a funcionar o Eniac, considerado o primeiro computador da História.

Ano 1948
É assinada, na sede da Organização das Nações Unidas, em Nova York (EUA), a Declaração Universal dos Direitos do Homem.

no 1958
É inventado o primeiro videogame, um jogo de tênis eletrônico.

Ano 1961
O russo Yuri Gagarin é o primeiro homem a viajar pelo espaço.

Ano 1962
Nos Estados Unidos, são feitas as primeiras pesquisas para ligar computadores em rede. Foi essa primeira rede que deu origem à internet.

Ano 1969
Os norte-americanos Neil Armstrong e Buzz Aldrin são os primeiros homens a andar na Lua.

Ano 1973
O norte-americano Martin Cooper inventa o primeiro telefone celular.

Ano 1988
O Brasil começa a usar a internet, primeiro ligando universidades brasileiras a outras nos Estados Unidos.

Em que parte do Brasil fica seu estado?

JÁ! MEU PAI, MINHA MÃE, MEUS AVÓS, MEUS IRMÃOS E EU.
NO MEU ESTADO NÃO TEM MAR, MAS TANTO FAZ.
PASSARINHO TEM EM TODOS OS ESTADOS.
MARANHÃO
CEARÁ
RIO GRANDE DO NORTE
PARAÍBA
PIAUÍ
PERNAMBUCO
ALAGOAS
SERGIPE
BAHIA
MINAS GERAIS
ESPÍRITO SANTO
RIO DE JANEIRO
EU SOU PAULISTA DE MÃE GAÚCHA, PAI MINEIRO E AVÓS GOIANOS.
E ELA PARECE TÃO NORMAL!
QUAL É A COMIDA TÍPICA DO SEU ESTADO?
VOCÊ SABE QUAL É O ESTADO ONDE TEM MAIS JACARÉS?
NÃO SEI! QUEM FAZ COMIDA EM CASA É MINHA MÃE.

Você conhece as bandeiras dos estados brasileiros?

ACRE

ALAGOAS

AMAPÁ

AMAZONAS

BAHIA

CEARÁ

DISTRITO FEDERAL

ESPÍRITO SANTO

GOIÁS

MARANHÃO

MATO GROSSO

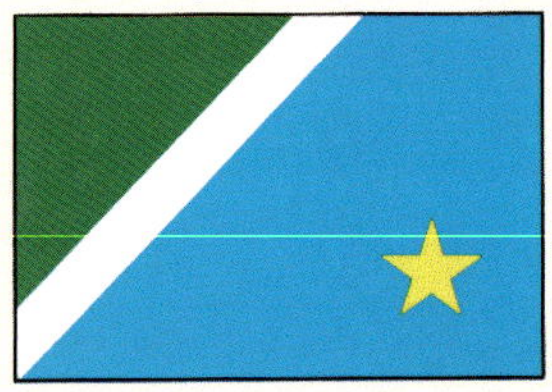

MATO GROSSO DO SUL

MINAS GERAIS

PARÁ

PARAÍBA

PARANÁ

PERNAMBUCO

PIAUÍ

RIO DE JANEIRO

RIO GRANDE DO NORTE

RIO GRANDE DO SUL

RONDÔNIA

RORAIMA

SANTA CATARINA

SÃO PAULO

SERGIPE

TOCANTINS

Um estado tem um monte de cidades?

Isso mesmo, quer dizer, se a gente escrever "estado" assim, com letra minúscula, estamos nos referindo às partes que formam o nosso país. Já "Estado" com letra maiúscula significa país, nação – ou o governo de um país.

O Brasil é dividido em 26 estados e 1 Distrito Federal, como você viu no mapa das páginas 24 e 25. Cada um deles tem suas características, belezas naturais, comidas, músicas, jeito de falar, festas folclóricas...

Além da influência dos costumes indígenas, portugueses e africanos, a cultura de cada estado foi sendo construída ao longo dos tempos com as imigrações de europeus e asiáticos. As alterações e influências culturais não param, devido ao movimento de pessoas que continuam se mudando de um estado para o outro, além de mais estrangeiros que resolvem morar no Brasil.

– Qual é a comida típica do seu estado de que você mais gosta? Você gosta das festas e das comemorações? Que tipo de música é mais comum?

Está formado o país!

No mapa das páginas 24 e 25, você pode observar outra forma de dividir o Brasil: por regiões, que compreendem vários estados cada uma. Os estados pintados de verde fazem parte da região Norte. Os de cor amarela são estados nordestinos. A região Centro--Oeste, que compreende três estados mais o Distrito Federal, está pintada de vermelho. Em rosa, estão os estados da região Sudeste, e, em azul, os da região Sul.

O povo brasileiro é composto por descendentes de indígenas, africanos, europeus (portugueses, italianos, espanhóis, alemães, franceses, holandeses...), americanos (bolivianos, peruanos, uruguaios, chilenos...) e asiáticos (turcos, sírios, japoneses, chineses, coreanos...).

Nosso país é tão grande – tem mais de 8 milhões de metros quadrados –, é o quinto maior do mundo. É cheio de riquezas naturais, como a Mata Atlântica (no litoral), a Floresta Amazônica (no Norte), as Cataratas do Iguaçu (no Paraná)... E imagina quantas comidas, festas, tipos de música, de roupas e de maneiras de falar você pode encontrar em um país como o nosso!

– Você sabe como está organizado o governo do nosso país?

– O chamado Poder Executivo, cuja figura máxima é o presidente da República, executa as leis, que por sua vez são elaboradas pelo Poder Legislativo, constituído pelos senadores e deputados do Congresso Nacional. Já o Poder Judiciário deve zelar pelo cumprimento das leis.

– Você conhece outros países além do Brasil?

– Para você, o que é ser brasileiro?

No nosso país, assim como em boa parte do mundo, existe muita desigualdade. Isso quer dizer que poucas pessoas têm muito e muitas pessoas têm pouco ou quase nada. Pense nestes exemplos...
POIS É, ESTÁ VENDO?
EU NEM SEI O QUE DIZER!

EU GOSTARIA QUE NADA DISSO ACONTECESSE.
EU ACHO ERRADO ISSO!
POIS TEM MUITO MAIS.
NÓS SOMOS PELA AMIZADE E PELA PAZ!
EU, VOCÊ, NÓS PODEMOS MUDAR TUDO ISSO!

E os continentes?

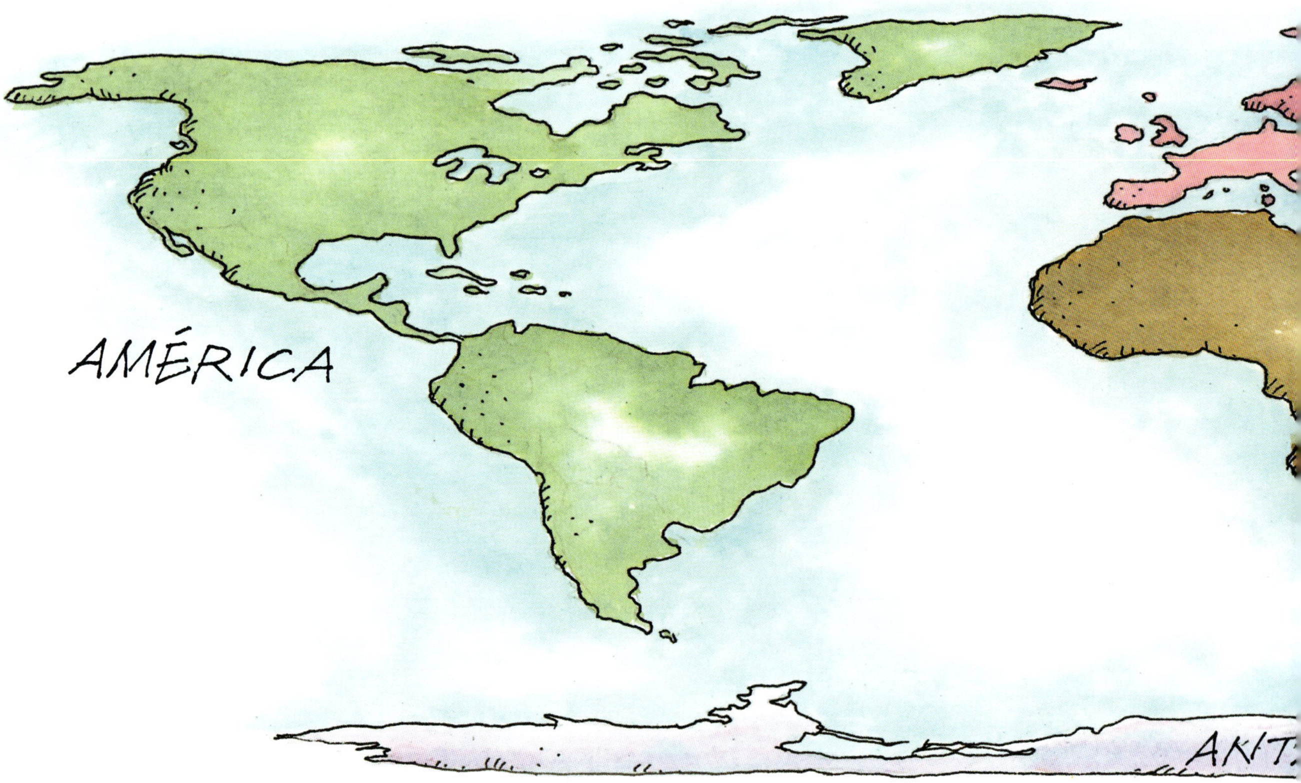

O CONTINENTE DOS MEUS ANTEPASSADOS É A ÁFRICA. ELE É GRANDE, BONITO E TEM MUITO BICHO.
EU SEI! TEM TIGRES, ELEFANTES, LEÕES, ZEBRAS, GIRAFAS, RINOCERONTES, CAMELOS, HIPOPÓTAMOS...
NOSSA! EU SÓ TENHO UM CACHORRO, UM GATO E UMA TARTARUGA.

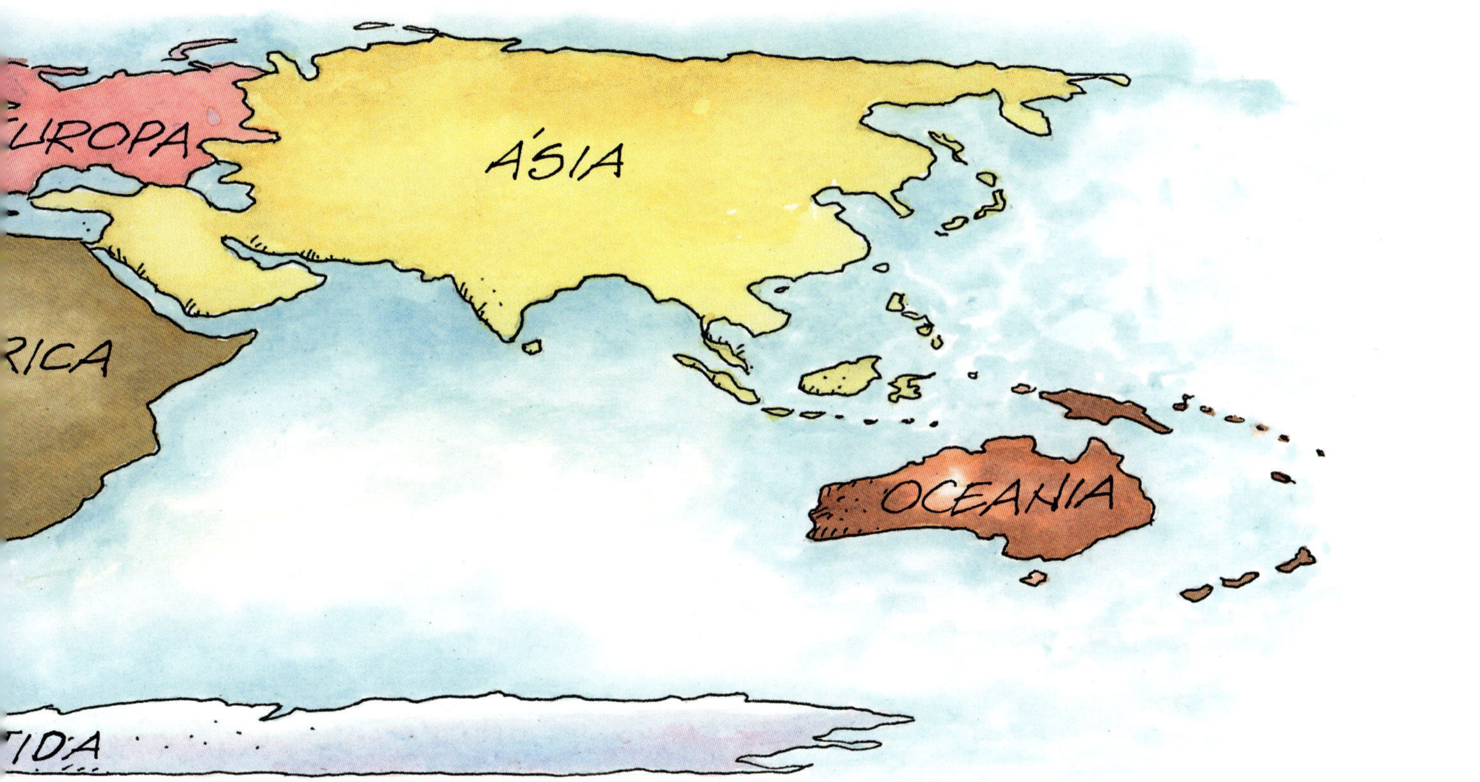
UROPA
ÁSIA
RICA
OCEANIA
TIDA

SABIA QUE EXISTE UM CONTINENTE CHAMADO OCEANIA?
SABIA. MEU TIO TRABALHA LÁ, NA AUSTRÁLIA, E JÁ MANDOU FOTOS DE CANGURUS.
A ANTÁRTIDA TAMBÉM É UM CONTINENTE, MAS TEM MAIS PINGUIM DO QUE GENTE.

O que você sabe sobre o nosso continente?

O mapa das páginas 34 e 35 é chamado de mapa-múndi ou planisfério, porque nele está representado o mundo todo, como se tivesse sido achatado. Nele você pode ver conjuntos de países, chamados de continentes.

O Brasil fica na América do Sul, uma das três divisões do continente americano (as outras duas são América Central e América do Norte). O nome América é uma homenagem ao navegador italiano Américo Vespúcio, que explorou o litoral da América do Sul em 1494. Esse continente se estende do oceano Ártico (no extremo norte do globo) ao cabo Horn (no extremo sul), entre os oceanos Atlântico e Pacífico.

Meu, seu e de mais de 750 milhões de habitantes, o continente americano reúne 37 países, entre eles Estados Unidos, Canadá, México, Cuba, Panamá, Chile, Peru, Uruguai, Argentina, Bolívia... Também fazem parte da América 19 dependências, quer dizer, territórios subordinados a outros países, como Porto Rico (aos Estados Unidos), Aruba (à Holanda), Ilhas Virgens Britânicas (ao Reino Unido).

– Você sabia que o Brasil faz fronteira com quase todos os países da América do Sul, menos com o Chile e o Equador?

– Eu sabia... acabei de olhar no mapa. E é o único do continente onde se fala português.

... E tudo isso faz parte do nosso planeta

Para medir a circunferência do nosso planeta, você precisaria de uma fita métrica com mais de 40 mil quilômetros de comprimento.

Mais de 70% da superfície do planeta são cobertos de água.

Os biólogos já catalogaram mais ou menos 1 milhão e meio de espécies de animais na Terra. Isso inclui o ser humano, as aves, os peixes, os répteis, os mamíferos, os insetos...

E de quem é esse planeta?

O ser humano não é o único dono da natureza. O nosso planeta é de todos os seres que vivem aqui. O ar, a água, a luz do Sol, o clima... tudo é interligado para que a vida dos animais e plantas continue. Isso significa que, se algo for mudado, todo o resto também muda.

A Terra é um planeta do Sistema Solar, isto é, um dos astros que giram em volta do Sol. Ao todo, existem oito planetas nesse sistema: Mercúrio, Vênus, Terra, Marte, Júpiter, Saturno, Urano e Netuno, além de Plutão, que é considerado um planeta-anão.

– Claro que o planeta é nosso e a gente é parte da natureza.

– Mesmo quem nasceu em apartamento como eu?

Está claro que nenhum lugar é só meu ou seu

O quarto, a casa e, principalmente, a rua, o bairro, a cidade, o estado, o país, o continente, o planeta. Todos são os meus, os seus, os nossos lugares. Lugares onde nascemos, crescemos, vivemos, onde aprendemos e evoluímos. Lugares onde ficamos, por onde circulamos, passeamos. Onde encontramos e convivemos com pessoas parecidas e diferentes.

Todo mundo deseja que o seu lugar seja melhor, que o país, o mundo sejam melhores. Que não haja lixo nas ruas nem poluição do ar. Que não haja consumo excessivo nem produção irresponsável de lixo. Que cessem a agressividade e a violência...

– É difícil imaginar quem não gostaria de ser melhor, mais tolerante, menos egoísta, de ter mais respeito por tudo o que está à sua volta. De compreender tudo melhor e ter boa vontade e iniciativa para mudar.

Você pode
fazer a
sua parte!

Com pequenas atitudes, cada pessoa pode fazer uma grande diferença no nosso planeta, sabia? Veja algumas dicas...

O lixo é um grande problema para o meio ambiente: todo dia montanhas de coisas são jogadas fora e vão se acumulando pelo planeta. Por isso, evite utilizar materiais descartáveis e comprar coisas que tenham embalagens desnecessárias.

Uma maneira de fazer isso é diminuir o uso de sacolinhas plásticas, que levam mais de 100 anos para se decompor. Fale para os adultos levarem uma sacola de casa quando forem ao supermercado.

Muitos materiais criados pelo ser humano e jogados no lixo levam tempo para se decompor, veja ao lado alguns exemplos:

Materiais	Tempo
Chiclete	5 anos
Alumínio	200 a 500 anos
Plástico	450 anos
Fralda descartável	600 anos
Vidro	indeterminado

Fonte: CED - Centro de Ciências da Educação

Não é tão difícil assim, não é?

Se na sua rua ou bairro não tem coleta seletiva de lixo, você pode separá-lo na sua casa e pedir a um adulto para levar com você até um posto de coleta.

Pilhas e baterias têm metais tóxicos que podem contaminar o solo, os rios e as pessoas. Descubra onde existe um posto que recolhe esse tipo de material e não o jogue mais no lixo comum.

Não desperdice água tomando banhos demorados ou deixando a torneira aberta enquanto escova os dentes.

Se a sua escola ou a casa do seu amigo for perto da sua e o caminho for seguro, vá a pé ou de bicicleta em vez de pedir para alguém levá-lo de carro.

Que tal usar
mais a escada
em vez de ficar
subindo e descendo de
elevador? Além de economizar
energia, você ainda faz exercício.

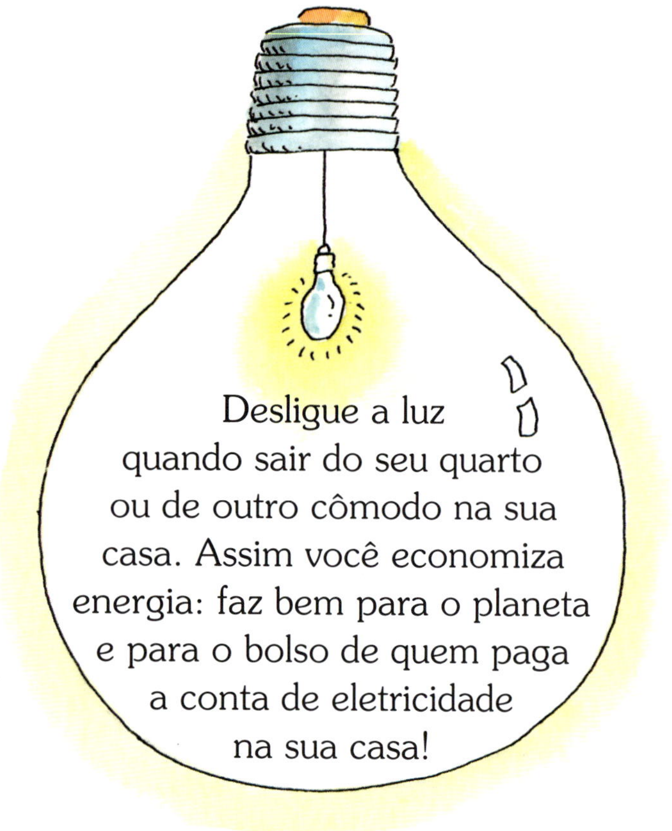

Desligue a luz
quando sair do seu quarto
ou de outro cômodo na sua
casa. Assim você economiza
energia: faz bem para o planeta
e para o bolso de quem paga
a conta de eletricidade
na sua casa!

Ser inteligente não é
comprar tudo o que a
propaganda manda,
mas comprar aquilo
que a gente realmente
precisa, sem excessos,
nem desperdícios.

Quando for passear, ande a pé ou de bicicleta, faz bem à saúde e reduz o uso de carro, que gasta combustível e polui.

Se você mora numa rua malcuidada, pode fazer um canteirinho de plantas na frente da sua casa. Ou até plantar muda de árvore. Quem sabe o seu exemplo estimule os vizinhos e um dia a rua fique mais bonita.

– Na minha escola a gente está fazendo cada brinquedo legal! Tudo com lixo reaproveitado: garrafinhas plásticas, tampinhas, latas de refri, palitos de sorvete, caixas de leite... Que tal pedir para a sua professora ensinar você e a sua turma a fazer isso também?

Ajude a disseminar a paz

Você percebeu que, ao longo das páginas deste livro, falamos muito em diversidade? Afinal, se até dentro da sua casa as pessoas são diferentes umas das outras, já pensou nas diferenças que existem no planeta inteiro?

E, como as pessoas têm – ainda bem! – gostos, vontades, histórias e culturas diferentes, muitas vezes acontecem conflitos, simplesmente porque um não aceita o que o outro diz ou não abre mão de que as coisas sejam do seu próprio jeito. Isso vale tanto para as brigas de motoristas no trânsito e torcidas de futebol como para as guerras entre países...

– O grande desafio
é fazer do convívio
com todas essas
diferenças uma
experiência pacífica
e divertida. Sabe
como? Praticando
a tolerância.
Agindo com
educação, sendo
gentil com as
pessoas.

Nenhum lugar é exclusivamente nosso

Todos estamos juntos neste mesmo planeta, que não é só meu nem seu, mas NOSSO. E que precisa da colaboração de todos nós para continuar existindo.